www.tredition.de

AF197554

Sprechen & Sprache sinnvoll unterstützen

Vom ersten Schreien zum langen Satz

Tipps für Eltern von Kindern zwischen 0 und 4 Jahren

HANDBUCH

Herausgeber: © 2021 ElternLeben.de

Verlag & Druck: tredition GmbH
Halenreie 40-44, 22359 Hamburg

ISBN

Paperback:	978-3-347-27610-9
Hardcover:	978-3-347-27611-6
E-Book:	978-3-347-27612-3

ÜBER ELTERNLEBEN.DE

ElternLeben.de ist ein digitales Angebot für alle Mütter und Väter. Die Online-Plattform begleitet Eltern in den verschiedenen Phasen von der Schwangerschaft bis zum Teenageralter ihrer Kinder. Sie bietet einen großen **Wissensbereich** („Elternwissen"), der Artikel, Tipps, Interviews, Videos und vieles mehr verfügbar macht. Diese Inhalte werden von Experten aus unterschiedlichen Fachrichtungen verfasst. Hier fließt Expertise und Erfahrungswissen zusammen. In der **Online-Beratung** werden Eltern zu allen Eltern-Themen von Fachleuten schnell und professionell beraten. Der Bereich **Angebote vor Ort** verbindet Eltern mit lokalen Angeboten (Kurse, Beratung etc.) ganz in ihrer Nähe. Eine **Community** und der Aufbau des Bereichs **Häufig gestellte Elternfragen** runden das Gesamtangebot der Plattform ab. **www.elternleben.de** ist ein digitales Angebot der gemeinnützigen wellcome gGmbH mit Hauptsitz in Hamburg. Der Erlös der Handbücher kommt ausnahmslos der gemeinnützigen Arbeit zugute.

ÜBER DIE AUTORIN

Helen Mensen ist Expertin in den Bereichen Sprechen und Sprache. Bei ElternLeben.de schreibt sie Inhalte für den Wissensbereich.

Die erfahrene Logopädin und Gesundheitswissenschaftlerin (MPH) hat in Deutschland und den Niederlanden gelebt und studiert. Durch mehr als 15 Jahre therapeutisches Arbeiten mit Kindern und Jugendlichen, die aus unterschiedlichen Gründen Sprach- und Sprechstörungen mit individuellen Voraussetzungen mitgebracht haben, entwickelte sie ihr breites Fachwissen und ihre Kompetenz in der Elternberatung.

In diversen Kontexten arbeitet Helen Mensen immer wieder mit Pädagogen, Ärzten, Therapeuten und Psychologen zusammen. Darüber hinaus hat sie den Aufbau einer logopädischen Praxis für einen kommunalen Klinikkonzern verantwortet sowie in einer interdisziplinären Praxis für Lehre und Forschung mitgewirkt. Der wichtigste Ansatz in ihrem beruflichen Tun ist – neben der Kommunikation – immer ein disziplinübergreifender Blick auf die Dinge.

Helen Mensen lebt mit ihrer Familie in Norddeutschland und begeistert in jeder Lebenslage mit dem Erzählen von selbst ausgedachten Abenteuergeschichten.

Inhaltsverzeichnis

EINLEITUNG 9

1. KAPITEL – VORAUSSETZUNGEN, DIE DEIN KIND BRAUCHT, UM SPRACHE UND SPRECHEN NORMAL ZU ERLERNEN 13

Die äußeren Faktoren – Das sprachanregende Umfeld 14

Die inneren Faktoren – Die Ohren, die Stimme und die Artikulation 16

2. KAPITEL – DIE PHASEN DER SPRACHENTWICKLUNG UND TIPPS ZUR UNTERSTÜTZUNG IM ALLTAG 22

1. bis 3. Lebensmonat – Schreien, Schlafen, Blickkontakt 23

4. bis 7. Lebensmonat – Gurren, Lallen, Jauchzen 26

8. bis 12. Lebensmonat – Silbenketten, Macht der ersten Worte ... 29

12. bis 18. Lebensmonat – Mit Worten experimentieren 33

18. bis 24. Lebensmonat – Der Wortschatz explodiert 35

2. bis 2,5 Lebensjahr – Längere Sätze, Wortschöpfungen 38

2,5 bis 3. Lebensjahr – Fragen stellen und Nebensätze 40

3. bis 4. Lebensjahr – Die Grammatik wird komplexer 42

4. bis 5. Lebensjahr – Viel Erzählen und viel Nachfragen 43

3. KAPITEL – SO BEKOMMST DU HILFE, WENN DU DICH UM DIE SPRECH- UND SPRACHENTWICKLUNG DEINES KINDES SORGST... 47

Sprich deine Sorgen beim Arzttermin an 48

Die logopädische Diagnostik – wichtig und notwendig....................49

WIR EMPFEHLEN WEITERE HANDBÜCHER VON ELTERNLEBEN.DE.. 51

EINLEITUNG

Kommunikation und Verständigung – ein Vorgang, der für uns selbstverständlich ist und zum Familienleben dazugehört. Wir tauschen uns mit unseren Mitmenschen aus, indem wir mit ihnen sprechen. Laute werden hierbei zu Wörtern und zu Sätzen. Die Sprache ist geprägt von Grammatik. Mit Sprechen und Sprache transportieren wir in unserer Familie Informationen, Wünsche und Emotionen. Also eigentlich alles ganz einfach, oder?

Die Sprech- und Sprachentwicklung ist für den Lernerfolg und das spätere Lesen- und Schreibenlernen sehr wichtig. Laut dem Programm „Sprach-Kitas" des Bundesministeriums für Familie, Senioren, Frauen und Jugend (BMFSFJ) ist Sprache ein Schlüssel, der uns Türen in eine Welt öffnet, in der wir mit Menschen in Kontakt treten und uns Wissen aneignen.

Studien besagen, dass sprachliche Kompetenzen einen erheblichen Einfluss auf den Bildungsweg und auf den Einstieg ins Berufsleben haben. Wer nicht gut spricht, dem entstehen Nachteile. Eine geringe Teilhabe an Freundeskreisen oder Ausgrenzung aus der Gesellschaft und aus dem Beruf kann die Folge sein.

Sprechen lernen funktioniert nur in Interaktion mit anderen. In der Kommunikation mit deinem Kind merkst du, dass das Sprechen lernen ein ständiger Entwicklungsprozess ist.

Berichtet dir dein Kind im Alter von elf Monaten beispielsweise vom Zoobesuch, bekommst du bestenfalls ein *„Raffe da"* (*„Die Giraffe ist da"*) oder ein *„Piep-piep"* (*„Der Vogel"*) zu hören. Im Alter von 3,5 Jahren wird es dir berichten: *„Ausflug in den Zoo war toll. Ich hab schonmal Giraffen gesehen. In meinen Buch von die Tiere. Die mit großen Hälse."* Und später dann, mit sechs Jahren, wird dein Kind selbständig und grammatikalisch korrekt mitteilen, wie gut ihm der Ausflug in den Zoo gefallen hat und, je nach kindlichem Interessengebiet, detaillierte Informationen über die Arbeit des Zoowärters oder über das Füttern der Babyeisbären in Form einer langen Geschichte anhängen.

Sprechen lernen ist für Kinder ein aufregender und langer Prozess. Eltern besitzen in Teilen intuitive Fähigkeiten, ihre Kinder beim Sprechen hilfreich zu unterstützen. In der Kommunikation mit Babys wenden sie oftmals automatisch eine ausdruckstarke Mimik und Gestik an, erhöhen ihre Stimmlage oder sprechen mit Handbewegungen, Körpersprache oder Blicken – eine Art des Sprechens, die Babys gut erreicht, da sie Interesse und Aufmerksamkeit gesendet bekommen. Kommt dir das bekannt vor?

Das Geheimnis des Spracherwerbs liegt im Austausch zwischen nahestehenden Personen und Kindern. Eltern haben hier eine besondere Rolle, da sie gerade in den ersten Lebensjahren ihrem Kind am nächsten sind und es am besten kennen.

Sie sind enorm wichtig in der Unterstützung der sprachlichen Fähigkeiten. Sie sind die Schlüsselpersonen, die Kindern eine gute und unterstützende Grundlage bieten, um an der Kommunikation teilzuhaben, um erfolgreiche Verständigung herzustellen und um die Sprach- und Sprechentwicklung Schritt für Schritt sinnvoll zu unterstützen.

WAS DU IN DIESEM HANDBUCH LERNST

Wie lernt dein Kind überhaupt sprechen? Welche Voraussetzungen braucht es, damit dein Kind sich sprachlich entfalten kann? Und wie kannst du dein Kind orientiert an seinem Alter und seinen vorhandenen sprachlichen Möglichkeiten im Alltag unterstützen?

In der Sprachentwicklung gibt es immer wieder besondere Meilensteine: die ersten Wörter, neue Laute, Sprechen in Sätzen oder grammatikalische Fortschritte. Diese und die benötigten Voraussetzungen lernst du in diesem Handbuch kennen. Als Kern dieses Handbuches bekommst du sofort umsetzbare Tipps, um dein Kind im Alltag bei seinem Spracherwerb sinnvoll zu unterstützen – vom ersten Schreien bis zum Sprechen in langen Sätzen!

Wichtig ist: Jedes Kind entwickelt sich gerade in den ersten Lebensjahren individuell. Dies gilt auch für die Sprachentwicklung. Die angegebenen Altersspannen dienen dir zur Orientierung und sollen dich für die Sprachentwicklung deines Kindes sensibilisieren.

Ebenso verhält es sich mit den Tipps und Empfehlungen zur sprachlichen Unterstützung deines Kindes. Diese bieten Anregungen, um im Alltag Spaß und Freude an der Kommunikation zu behalten und deinem Kind einen positiven Umgang mit Sprache und Kommunikation zu vermitteln – exakt angepasst an das unterschiedliche Alters- und Sprachspektrum. Denn nur wenn dein Kind merkt, dass es sich in seiner Umgebung angenommen und aufgefangen fühlt, bleibt es motiviert und entfaltet die Sprache und das Sprechen optimal.

Euer Elternleben.de-Team

1. KAPITEL – VORAUSSETZUNGEN, DIE DEIN KIND BRAUCHT, UM SPRACHE UND SPRECHEN NORMAL ZU ERLERNEN

Sprechen lernen ist angeboren. Damit die Sprache und das Sprechen deines Kindes sich normal entwickeln, benötigt es einige Voraussetzungen. Hierzu zählen äußere Faktoren, beispielsweise ein Umfeld, in dem du und nahestehende Personen deinem Kind zugewandt und sprachanregend begegnen und das Sprechenlernen somit so angenehm wie möglich machen. Genauso wichtig sind die inneren Faktoren, also anatomische Gegebenheiten von Zunge, Lippen, Wangen, Gaumen und Kiefer und die gesunde Entwicklung des Gehörs und der Stimme.

DIE ÄUßEREN FAKTOREN – DAS SPRACHANREGENDE UMFELD

„Ich habe mir bewusst angewöhnt, meinem Sohn Lenny (1,5 Jahre) regelmäßig ein neues Themengebiet näherzubringen, wenn wir gemeinsam spielen. Vor kurzem haben wir mit seinem Rettungshubschrauber alle Kinderwerkzeuge aus der Spielkiste ,gerettet'. Das Wortrepertoire ,Werkzeuge' war ihm zuvor noch gar nicht so geläufig bei ihm. Nun möchte Lenny immer wieder mit ,Dreher' (Schraubendreher) und der ,Zanne' (Zange) spielen. Mein Interesse und meine Kreativität im Spiel bestärken ihn positiv und motivieren zum Mitmachen. Und ganz nebenbei erweitere ich seinen Wortschatz durch neue Angebote", berichtet seine Mutter.

Der Erwerb von Sprache setzt voraus, dass Kinder sich in einem Umfeld entwickeln, das genügend sprachanregende Möglichkeiten bietet. Damit die sprachlichen Fähigkeiten deines Kindes überhaupt reifen können, ist die Interaktion im Alltag zwischen dir und deinem Kind, aber auch zwischen anderen Personen und deinem Kind unabdingbar. Durch diese Sprachvorbilder erfährt es, wie der Umgang mit Lauten, dem Wortschatz und auch dem Grammatiksystem funktioniert.

Es greift neue Wörter und Begrifflichkeiten auf und wendet diese an. Durch die Beobachtungen deiner Gestik, Mimik, Körpersprache und Sprechgeschwindigkeit erfährt dein Kind zusätzlich, auf welche Art Emotionen durch Sprache transportiert werden können, zum Beispiel, indem du mit den Händen zeigst, wie groß ein Rettungshubschrauber ist.

Du kannst also dafür sorgen, dass die Bedingungen stimmen, in denen sich dein Kind sprachlich entfalten kann und ein entsprechendes Angebot schaffen.

Merke dir: Um sprachanregende Möglichkeiten zu bieten, benötigt es nicht unbedingt eine breite Variation an Kinderspielzeug. Der Inhalt der Küchenschublade oder deines Kleiderschranks bieten ebenso zahlreiche Objekte, um mit deinem Kind in einen Dialog zu treten.

Im Folgenden findest du eine erste Checkliste, mit der du dein allgemeines sprachanregendes Verhalten überprüfen und anpassen kannst. Dieses Verhalten ist in abgewandelter Form in jedem Alter deines Kindes wichtig. Im Verlauf dieses Handbuches findest du dazu noch nähere Erläuterungen.

Checkliste: Mein allgemeines sprachanregendes Verhalten

✓ Ich bin in meiner Gestik, Mimik und Körpersprache ausdrucksstark.

Ein Beispiel: Mache zum Beispiel beim Erstaunen große Augen oder zeige mit den Fingern die Anzahl der Bananen, die ihr aus dem Obstkorb holt.

✓ Ich nutze eine übersteigerte Melodie in meiner Stimme.

Ein Beispiel: Bist du erbost, sprich mit tiefer, dunkler Stimme. Bist du erfreut, sprich mit hoher Stimmlage.

✓ Ich greife das auf, was mein Kind interessiert und entwickle daraus eine Kommunikationssequenz.

Ein Beispiel: Räumt dein Kind die Küchenschublade aus, setze dich dazu und benenne die Dinge, die ihr seht. Blickt dein Kind in Richtung eines bellenden Hundes, beschreibe was ihr seht und hört.

   ✓ Ich biete meinem Kind oft die Möglichkeit, Menschen und Situationen zu beobachten.

Ein Beispiel: Lass dein Kind mit dem Blick nach vorne im Kinderwagen oder auf deinem Schoß sitzen oder trage es dementsprechend auf dem Arm.

   ✓ Ich schaffe eine ruhige und emotional warme Lernumgebung für mein Kind.

Ein Beispiel: Nimm dir täglich Zeit zur exklusiven Kommunikation mit deinem Kind. Lasse all deine Alltagsverpflichtungen ruhen und vermeide Hintergrundgeräusche wie Fernseh- oder Radiomusik.

   ✓ Ich spreche langsam und deutlich zu meinem Kind.

   ✓ Ich lasse mein Kind aussprechen und höre immer bis zum Schluss zu.

   ✓ Ich halte in der Kommunikation mit meinem Kind Blickkontakt und gehe in die Hocke, um auf Höhe meines Kindes zu sprechen.

DIE INNEREN FAKTOREN – DIE OHREN, DIE STIMME UND DIE ARTIKULATION

Die Ohren, die Stimme, aber auch die Zunge, die Lippen, die Wangen, der Gaumen und der Kiefer – das alles sind die Organe, die am Sprechen deines Kindes beteiligt sind. Sie müssen gesunde Voraussetzungen mitbringen, damit dein Kind die Sprachentwicklung normal durchlaufen kann.

Wie dein Kind hören lernt

„Oskar hat oft Wörter verwechselt, die sich nur im Anfangs-buchstaben unterscheiden, wie ‚Tuch‘ und ‚Buch‘. Eine Freundin hat mir dann erklärt, dass das kindliche Gehör diese sehr ähnlich klingenden Laute noch nicht einwandfrei differenzieren kann, das Gehör also noch nicht scharf genug eingestellt ist", berichtet sein Vater.

Damit sich die Sprache, das Sprechen und das Sprachverstehen altersgerecht entwickeln, benötigt dein Kind ein gutes Hörver-mögen. Denn: Laute, Silben, Worte und Sätze, die es hört, muss es sicher differenzieren, um sie korrekt auszusprechen.

Das Gehör funktioniert folgendermaßen: Unsere Ohrmuschel fängt bei allen Geräuschen den Schall auf und bringt das sensible Trommelfell in Schwingung. Über das Mittelohr und das Innenohr wird der Schall als Nervensignal zum Hörzentrum im Gehirn weitergeleitet. Das Gehirn interpretiert das Gehörte und es findet eine passende Reaktion statt. Beispielsweise sagt dein Kind, wenn es die Türklingel hört: „Oma kommt", weil es das Klingeln als „da kommt jemand" interpretiert.

Schon im Mutterleib, ab der 22. Schwangerschaftswoche, ist ein Fötus bereit zu hören. Er nimmt Geräusche dann bereits vage wahr und hört sie in einer Intensität, als würde man sich beim Zuhören die Hände auf die Ohren legen. So lernt dein Baby schon im Mutterleib die Charaktereigenschaften vertrau-ter Stimmen kennen. Anhand dieser Merkmale weiß es direkt nach der Geburt, wer zum vertrauten Personenkreis gehört.

Danach entwickelt sich das Hören dann vor allem durch die Geräusche aus der Umwelt weiter. Auf hohe Lautstärkereize reagiert dein Neugeborenes mit Veränderungen seiner Gestik und Mimik: es macht große Augen oder verzieht den Mund. Spätestens bis zum 6. Monat kann dein Baby deine Stimme erkennen und guckt interessiert in Richtung einer Geräuschquelle oder erschrickt oder erwacht dadurch. Das Interesse deines Kindes am melodischen Angebot steigt. Dein Singen und Melodien in wechselnden Tonlagen (hoch und tief) bereiten Freude.

Bis zum 1. Lebensjahr begreift dein Kind dann erste Wörter und reagiert auf seinen eigenen Namen durch einen gezielten Blick. Mit etwa 2 Jahren versteht es deine Aufforderungen (*„Gib mir den Löffel"*) und deine Fragen (*„Wo ist der Hund?"*) sowie geflüsterte Sprache. Mit 4 Jahren ist die Hörfähigkeit soweit geschärft, dass dein Kind Laute differenzieren kann: Es kann zum Beispiel den Laut „K" sicher vom „G" unterscheiden. Kleine Schwierigkeiten, wie das Unterscheiden von Geräuschen (Kommt das Motorengeräusch von einem Lastkraftwagen oder von einem Auto?) oder das Lokalisieren dieser Geräusche (Aus welcher Richtung bellt der Hund?) sind bis zum 5. Lebensjahr noch normal.

Interessant ist: Erst im Alter von etwa 7 bis 8 Jahren ist ein Kind in der Lage, seine Höreindrücke zu nutzen, um beispielsweise Gefahren zu erkennen. (Das Geräusch, welches es hört, kommt von einem bremsenden Auto – es lauert also Gefahr im Straßenverkehr!)

Wie dein Kind seine Stimme entwickelt

„Einige Wochen nach der Geburt fing unsere kleine Lina an, mit ihrer Stimme allerlei Kunststücke zu machen. Sie klang wie eine Sängerin, die die Tonleiter hoch und runter übte, kombiniert mit unterschiedlichen Silbenkombinationen: ,ga-ga-ga' mal mit hoher Stimme ,ra-ra-ra' mal mit tiefdunkler Stimme. Ich hätte ihr ewig zuhören können", berichtet ihre Mutter

Rufe oder Sprache, Geflüster, Geschrei oder Gesang – all diese Geräusche unterscheiden sich in Intensität, Tonhöhe, Tonlage und Stimmung. Erzeugt werden sie folgendermaßen: Beim Ausatmen werden die Stimmlippen in Bewegung gesetzt und produzieren einen Grundklang. Dieser Klang wird im Bereich des Mund-Nasen-Rachenraums aufgefangen. Die unterschiedliche Stellung von Lippen, Kiefer, Gaumen oder Zunge formen daraus Laute wie ein kurzes „P" oder ein endloses „Aaaaa".

Im Kleinkind- und Vorschulalter entwickelt sich der Umfang der Stimme und die Fähigkeit, diese von laut auf leise und von hoch auf tief zu verändern. Nach und nach wird die Stimme tiefer. Ab dem sechsten Lebensjahr beginnt sich die Tonhöhe bei Mädchen und Jungen zu unterscheiden. Im weiteren Verlauf des Lebens verändert sich die Stimme immer wieder: in der Pubertät, in den Wechseljahren oder im betagten Alter.

Wie dein Kind Laute bildet

Die Artikulationsorgane deines Kindes, also die Zunge, die Lippen, die Wangen, der Gaumen und der Kiefer und deren beteiligten Muskelgruppen, vollziehen zahlreiche Bewegungen, um Laute zu bilden. Der Laut „T" beispielsweise wird geformt, indem die Zunge an eine kleine Stelle hinter den Zähnen tippt.

Probiere es mal aus! Das „O" wird gebildet, indem der Unterkiefer sich etwas vorschiebt, die Lippen ein rundes Rohr formen und sich nach vorne stülpen. Bemerkst du den Unterschied?

Schon im Mutterleib, nämlich beim Schlucken von Fruchtwasser, werden diese Organe und Muskelgruppen trainiert und gekräftigt. Nach der Geburt werden die für das Sprechen nötigen Funktionen vor allem beim Schlucken, aber auch beim Stillen an der Brust, beim Saugen an der Flasche oder beim Kauen verschiedener Nahrungskonsistenzen weiter gefestigt. Schritt für Schritt werden die Bewegungen differenzierter und die Muskulatur fester und funktionstüchtiger. Dies geschieht ebenso durch die kindlichen Lall- und Lautäußerungen im Säuglingsalter. Erweitert sich das Lautsystem, ist das der Beweis dafür, dass die Mundmuskulatur und die beteiligen Sprechorgane gut fortschreiten. Das Wachstum dieser Organe hängt mit dem allgemeinen kindlichen Wachstum zusammen. Im Folgenden erhältst du eine Übersicht, damit du dich orientieren kannst, in welchem Alter welche Laute erworben werden:

- 1,5 bis 2 Jahre:

Dein Kind nutzt die Laute A, E, I, O, U, M, P, D in unterschiedlichster Form.

- 2 bis 2,5 Jahre:

Der Laut B und der Laut N kommen hinzu.

- 2,5 bis 3 Jahre:

Das F, L, K, H, W und T kommen hinzu. Zudem nutzt dein Kind das CH2 (das ist das CH, wie wir es im Wort „Buch" benutzen).

- 3 bis 4 Jahre:

Das J, das NG (wie im Wort „Zunge"), das R, das G und das PF, (wie bei der „Pfeife") werden erworben.

- 4 bis 4,5 Jahre:

Das CH kommt hinzu. Dies ist das CH, wie wir es beispielsweise in dem Wort „ich" benutzen.

- 4,5 bis 5 Jahre:

Dein Kind kann nun das SCH aussprechen.

- 5 bis 6 Jahre:

Dein Kind nutzt nun auch das S und das Z korrekt.

2. KAPITEL – DIE PHASEN DER SPRACH-ENTWICKLUNG UND TIPPS ZUR UNTER-STÜTZUNG IM ALLTAG

Der 4 Wochen alte Jona fängt gerade an, in wachen Phasen zu-frieden zu gurren (*„grr, grr"*). Ansonsten schreit er gerne. Die Äußerungen seiner älteren Schwester Lisa, die bald ihren 2. Ge-burtstag feiert, klingen da schon anders: Bei *„Jona Teddy weg"* oder *„Lisa burstag habn"* wissen ihre Eltern genau, was sie be-schäftigt. Der 6-jährige Jakob hingegen spricht auf dem Spiel-platz gerne in aller Ausführlichkeit über seine selbstgebauten Flugzeugvarianten: *„Weißt Du, das ist ein Paketflugzeug. Da kann man hier so die Klappe hoch machen und dann die Pakete reinlagern. Und hier ist ein Pilot, der startet das Flugzeug und fliegt damit über Schnee und Wasser ganz weit weg."*

Während der Austausch mit einem Baby noch sehr rudimentär verläuft und sich auf Grundbedürfnisse wie Hunger und Nähe beschränkt, ist mit einem Sechsjährigen eine inhaltsvolle Kommunikation über spezielle Themen meist unkompliziert möglich. Beobachtest du solche sprachlichen Entwicklungen auch?

Kinder durchlaufen in ihrer Sprachentwicklung unterschiedliche Phasen, in denen sie immer wieder teils enorme Fortschritte im Gebrauch von Wörtern, Sätzen und der Grammatik sowie im Verstehen machen. Diese lernst du im Folgenden kennen. Am Ende jeder Entwicklungsphase findest du wertvolle Tipps, wie du dein Kind im Alltag gezielt dabei unterstützen kannst, das Sprechen und die Sprache behutsam zu entdecken und weiterzuentwickeln.

DER 1. BIS 3. LEBENSMONAT – SCHREIEN, SCHLAFEN, BLICKKONTAKT

„r-r-r", „grrr-grrr"

In den ersten Lebensmonaten nach der Geburt ist dein Baby vor allem damit beschäftigt, seine am Sprechen beteiligten Sinne und „Werkzeuge" zu schärfen. Die Fähigkeiten für das Sprechen und für die Kommunikation mit anderen Menschen werden grundlegend ausgebildet.

Für gewöhnlich schläft dein Baby gerne, ist kurzzeitig aufmerksam und hält etwas Blickkontakt. Es schult seinen Hörsinn in dieser Phase schon sehr stark und übt, menschliche Laute von anderen Geräuschen zu unterscheiden. Menschliche Laute bevorzugt dein Baby, und es sucht zunehmend den Kontakt zu nahestehenden Personen.

Diesen Kontakt nimmt es vorrangig durch Schreien auf und trainiert direkt eine weitere Fähigkeit: seine Stimme.

Nach und nach begreift dein Baby, dass das Schreien in unterschiedlicher Stimmmelodie und Tonhöhe Verschiedenes bewirkt: Ein lautes, sehr dunkeltöniges Schreien kann bedeuten, dass etwas nicht in Ordnung ist, dein Baby Hunger hat oder friert; ein sanftes, leises Weinen kann bedeuten, dass dein Baby müde und zufrieden in den Schlaf gleitet. Durch Schreien und Weinen bittet dein Baby somit um Wärme und Zuwendung.

Auch lernt dein Baby durch die Wirkung des Schreiens ein wichtiges Merkmal des kommunikativen Austauschs in Dialogform kennen: Auf eine Aktion folgt eine Reaktion. Dieser wechselseitige Austausch kann zum Beispiel so aussehen: Dein Baby sendet ein Schreien (Aktion) und du wendest ihm deine Aufmerksamkeit zu (Reaktion). Diese Reaktion ist für dein Baby angenehm, denn du sprichst zu ihm, bietest Nähe oder stillst sein Hungerbedürfnis. Dein Baby begreift, dass Schreien zur Bedürfnisbefriedigung dient und variiert dieses Instrument. Ein Schrei nach Hunger klingt beispielsweise anders als ein Schmerzschrei.

Dein Baby lernt noch mehr, nämlich die Deutung der Signale, die du ihm durch Körperwärme, Körperkontakt und deine Sprechmelodie sendest. Durch sein erstes soziales Lächeln, mit dem es zum ersten Mal bewusst Freude und Interesse ausdrückt, bekommst du die Rückmeldung, dass dein Baby deine Signale versteht.

Ab dem 2. Lebensmonat hörst du von deinem Kind lautähnliche Geräusche (*„r-r-r"*, *„gr-gr"*) in der sogenannten ersten Lallphase. Zufällige Lautspielereien unterstützen die Mundfunktionen deines Babys: Gurgeln mit Speichel im Rachenraum oder Spielen mit der Zunge im Mund trainieren die mundmotorische Muskulatur.

Der 1. bis 3. Lebensmonat – Tipps zur Unterstützung

- Tipp 1: Nutze eine übersteigerte Melodie in deiner Stimme.

Biete im Austausch mit deinem Baby ein breites Repertoire an Sprechmelodien. Nutze in einer ruhigen Situation eine leise und ruhige Stimme in angenehmer Tonlage. Ist dein Baby wach und aufmerksam, halte diese Stimmung, indem du in hohem, lebhaftem Ton mit ihm sprichst. Gestalte die Sprechmelodie gerne in übertriebener Form. Das ist exakt die Ausdrucksform, mit der du dein Baby aufgrund der noch eingeschränkten Aufnahmefähigkeit gut erreichst.

- Tipp 2: Ahme die Geräusche deines Babys nach und biete Neues an.

Reagiere auf Geräusche, die dein Baby sendet, ebenfalls mit Geräuschen. Du übst so mit ihm das Prinzip von Aktion und Reaktion. Wandle bestenfalls die Geräusche noch ab; denn dein Baby bleibt aufmerksamer, wenn es etwas Neues geboten bekommt. Hörst du von deinem Baby ein Gurren: *„grrr-grrr"*, dann antworte mit etwas Ähnlichem: *„agrrr-agrrr, aga-aga"* und lobe es: *„Toll, wie das klappt!"*.

- Tipp 3: Untermale deine Stimmung mit aussagekräftiger Mimik.

Halte Blickkontakt mit deinem Baby, begegne ihm auf Augenhöhe und mit aussagekräftiger Mimik. Mache zum Beispiel große, runde Augen, wenn du deine Bewunderung zum Ausdruck bringst. Möchtest du Freude zeigen, dann lache mit einem großen, breiten Mund. Dein Baby beobachtet dich genau und verinnerlicht, wie es mit der Körpersprache wie Gestik und Mimik Gefühle transportieren kann.

DER 4. BIS 7. LEBENSMONAT – GURREN, LALLEN, JAUCHZEN

„Ai-ai", „eh-eh", „ech-ech", „ga-ga"

Dein Baby wird wacher und aufmerksamer und die Interaktion mit den Mitmenschen nimmt zu. Es kommuniziert lebhaft mit dir durch Gurren, Lallen, Jauchzen und Quietschen in kurzen Silbenkombinationen. Als Signal der Zufriedenheit lacht und juchzt dein Baby oft. Durch Intonationswechsel gibt es seinen Äußerungen unterschiedliche Bedeutungen wie „Ich bin satt" oder „Ich fühle mich unwohl, bitte verändere etwas". Insgesamt trainiert dein Baby hervorragend das Zusammenspiel von Lippen, Wangen, Zunge, Gaumen und Kiefer. Gerne plaudert dein Baby auch für sich allein, wenn es im Bett oder auf einer Decke liegt.

Wichtig zu wissen: Um den 5. Lebensmonat herum gibt es Babys, die nach anfänglich agilen Plaudereien wieder „stiller" werden, da sie sprachliche Eindrücke aus der Umgebung gerne für sich verarbeiten. Sie zeigen vorübergehend weniger Reaktionen durch Gurren, Lallen, Jauchzen und Quietschen.

Der 4. bis 7. Lebensmonat – Tipps zur Unterstützung

- Tipp 1: Spielt Aufmerksamkeitsspiele mit wechselnden Rollen.

Erfreue dein Baby mit Alltagsspielereien, um im lebhaften Austausch zu bleiben. Ob *„Kille-Kille"* oder *„Guck-Guck"*, dein Baby wird sich über jede Animation freuen, die es dir mit fröhlichem Lachen oder Juchzen dankt. Tauscht dabei auch gerne die Rollen (*„Jetzt mache ich weiter"*, *„Du bist dran"*) und halte hin und wieder kurz inne, bevor du in Spielaktion trittst. In exakt diesen Pausen lernt dein Baby, mit seinen kommunikativen Möglichkeiten, wie zum Beispiel mit einem fragenden Blick, deine Spielerei weiter einzufordern. Die Wickelsituation bietet eine gute Alltagssituation für diese Aufmerksamkeitsspiele.

- Tipp 2: Begleite tagtäglich all deine Handlungen und Erlebnisse mit Sprache.

Alles, was du mit deinem Baby gemeinsam erlebst, begleite mit Worten und Erzählungen. Biete vor allem bei immer wiederkehrenden Handlungen (Anziehen, Wickeln, Füttern) Sprechroutinen an.

Hier ein Beispiel: *„So, jetzt ziehen wir dir die warme Jacke an. Ich streife wie immer die Ärmel über deine Hände. Guck, da sind sie schon. Dann über deine Arme. Und jetzt mache ich die Knöpfe zu. Draußen liegt Schnee und es ist sehr kalt. Schau, ich habe schon eine Tasche gepackt."*

Biete deinem Baby beim handlungsbegleitenden Sprechen vorrangig die Möglichkeit, von dir beschriebene Situationen oder Handlungen aktiv beobachten zu können. Trage es auf dem Arm oder setze es in einer Position auf deinen Schoß, die einen Blick in die Welt ermöglicht. Tue dies nur solange, wie es Reize und Eindrücke verarbeiten kann. Dein Baby nutzt die Möglichkeit, Erlebnisse mit Wörtern in Verbindung zu bringen und diese zu verinnerlichen.

Ganz wichtig: Das handlungsbegleitende Sprechen ist besonders wertvoll. Wende es auch im weiteren Sprachlernprozess deines Kindes an. Du bist das beste Sprachvorbild und vermittelst automatisch neue Wörter, das Grammatiksystem und Erzählstrategien.

- Tipp 3: Reimt, singt und übt Fingerspiele.

„Backe, backe Kuchen, der Bäcker hat gerufen", „Kommt ein Mann die Treppe rauf" oder *„Das ist der Daumen, der schüttelt die Pflaumen"* – Sprechreime, Kinderlieder oder Fingerspiele liebt dein Baby. Diese sprachliche und emotionale Zuwendung gerade bei sehr kleinen Kindern regt zum Mitmachen an und schult die Aufmerksamkeit. Berühre dein Baby bei den Spielereien an den entsprechenden Körperteilen (Berühre die Nase bei *„Guten Tag, Herr Nasemann!"* oder berühre die Handflächen, wenn du sagst: *„Ich kitzle jetzt deine Handfläche"*). Durch die Berührung bekommt dein Baby frühe Impulse, welches Wort zu welchem Körperteil gehört.

DER 8. BIS 12. LEBENSMONAT – SILBENKETTEN UND DIE MACHT DER ERSTEN WORTE

„Lalalalala", „bada-bada", „mo-ma", „da", „wei-wei", „mama", „na-ne"

Die inhaltliche Bedeutung des kindlichen Lallens und Gurrens wird größer. Silben werden in dieser zweiten Lallphase zu ganzen Silbenketten aneinandergereiht. Du hast das Gefühl, dass dein Kind dir schon etwas „Echtes" in seiner eigenen Sprache erzählen möchte. Durch ein fröhliches Brabbeln in hoher Stimmlage kann es zum Beispiel erzählen wollen, wie zufrieden und satt es gerade ist. Durch ein tiefes, grummelndes Gurren kann es aber auch seinen Unmut über die große Geräuschkulisse im Zimmer zum Ausdruck bringen wollen. Einige Wörter ähneln zunehmend echten Wörter (*„la-de"* als Bezeichnung für die Marmelade, *„pa-da"* als Bezeichnung für den Papa). Dein Kind kann nämlich nun mit seinen mundmotorischen Möglichkeiten Silbenketten auch auf zwei Silben begrenzen. Ebenso kann die Stimme gut kontrolliert und geflüstert werden.

Nach und nach imitiert dein Kind deine Sprachäußerungen, Geräusche oder Gesichtszüge (Zunge rausstrecken). Es beobachtet dich und versteht immer mehr das Konzept der wechselseitigen Aufmerksamkeit. Die Interaktion zwischen dir und deinem Kind ähnelt einem realen Gespräch: Wenn dein Kind etwas äußert, gibst du „Antwort", und umgekehrt.

Das Sprachverständnis wächst, und einfache Aufforderungen (*„Hole den Ball"*, *„Zeig mir die Ente"*) begreift dein Kind immer besser und beginnt, diese auszuführen.

Hierbei wirkt die motorische Entwicklung unterstützend, denn sicheres Krabbeln oder erste Schritte in Richtung des Objektes (Ball, Ente) erweitern den Aktionsradius.

Um den ersten Geburtstag herum spricht dein Kind seine ersten Worte. Diese sind meist recht einfach und bestehen aus zwei Silben. Lautmalereien wie *„A-fel"* (Apfel), *„A-to"* (Auto) oder *„Na-ne"* (Banane) sind völlig in Ordnung – dein Kind lernt hauptsächlich, dass es mit Worten etwas erreichen kann: Sagt es *„Na-ne"*, bekommt es von dir eine Banane. Die Erfahrung, dass Worte eine unmittelbare Wirksamkeit haben, ist für dein Kind eine Revolution!

Merke dir unbedingt: Kinder durchlaufen Entwicklungsschritte auf unterschiedlichen Gebieten (beispielsweise Laufen und Sprechen) nicht parallel. Achte einmal darauf, ob dein Kind, wenn es (noch) keine ersten Worte spricht, eventuell in seiner Fortbewegung große Fortschritte macht und (schon) sicher die ersten Schritte tut!

Der 8. bis 12. Lebensmonat – Tipps zur Unterstützung

- Tipp 1: Benenne Dinge, für die dein Kind Interesse zeigt.

Durch deine Aufmerksamkeit bemerkst du im Alltag schnell, wofür dein Kind Interesse zeigt. Greife diese Dinge auf, benenne und kommentiere sie. Zeigt dein Kind zum Beispiel auf sein Spielzeug, begleite diesen Fingerzeig mit Worten:

„Du zeigst auf das Buch? Möchtest Du das Buch haben? Oh, das ist das Buch mit den Fahrzeugen! Schau, ich blättere das Buch durch. Hier siehst Du viele Autos."

30

Oder beteilige dich am Spiel deines Kindes:

„Du hast gerade deinen Ball in der Hand? Schau, ich habe auch einen Ball. Hui, der Ball kann rollen. Das macht Spaß!"

Nutze Situationen auf diese Art und Weise, und benenne Zielwörter (Ball, Buch) sehr oft. So wächst das Wortverständnis deines Kindes.

- Tipp 2: Schaut euch Bilderbücher an und lese kindgerechte Bücher vor.

Bücher sind besonders wichtig und gibt es für jedes Alter. Wähle in der Altersspanne 8. bis 12. Lebensmonat (noch) Bücher, die einen einzigen Themenbereich behandeln (Fahrzeuge, Obst, Tiere). Schaut euch ein Bilderbuch an und beschreibt und benennt, was ihr seht: *„Das hier ist die Giraffe, die hat einen soooo langen Hals. Und sie hat braune Flecken. Schau, eins, zwei, drei, vier Flecken hat die Giraffe. Und daneben steht der Elefant. Mit ganz, ganz großen Ohren. Zeig mir den Elefanten! Wo steht er?"*

Fahre dabei zur Unterstützung mit dem Finger deines Kindes den langen Hals der Giraffe entlang oder male die großen Elefantenohren nach. Du verknüpfst den akustischen Reiz (das Gehörte) mit dem taktilen Reiz (der Berührung) – ein tolles Lernangebot für alle Sinne!

Biete deinem Kind ausreichend Zeit, das Buch eigenständig anzuschauen und durchzublättern. Sprich dabei erstmal nur wenig. Binde die Bilder, auf die dein Kind schaut oder zeigt, dann in euren Dialog ein: *„Genau, das ist der Affe, auf den du zeigst! Der Affe ist braun und sitzt oben im Baum. Siehst du noch einen Affen?"*

Allgemein gilt: Bilderbücher anschauen erweitert den Wortschatz. Vorlesen schult die Konzentration und das aufmerksame Zuhören entwickelt das Grammatikgefühl und die Erzählfähigkeit deines Kindes. Auch in den folgenden Lebensjahren deines Kindes ist das Vorlesen von besonders hoher Bedeutung – und das am besten täglich, als festes Ritual! Bücher müssen übrigens nicht neu gekauft werden. Du kannst sie in der Bibliothek ausleihen, mit Freunden austauschen oder gebraucht auf (digitalen) Flohmärkten erwerben.

- Tipp 3: Animiere zum Flüstern, zum Rufen und zu Körpersprache.

Variiere im Dialog mit deinem Kind deine Stimme und lasse es nachahmen. Flüstere beispielsweise, wenn ihr im Bett liegt: *„Pssst. Wir wollen zur Ruhe kommen. Lass und beide flüstern, dann wird es ganz leise."*

Wenn ihr beim Verstecken spielen eine Person sucht, dann rufe mit lauter Stimme: *„Komm, wir rufen gemeinsam ganz laut: E-MIL! EMIL! Wo hast du dich versteckt?"*

Nutze Gelegenheiten im Alltag, und zeige deinem Kind, wie es mit Gestik und Mimik Emotionen verdeutlichen kann: Ein *„Nein!"* kannst du mit der entsprechenden Handbewegung unterstützen, ein *„Komm zu mir"* mit offenen Armen verdeutlichen.

DER 12. BIS 18. LEBENSMONAT – MIT WORTEN EXPE-RIMENTIEREN

„Nane", „Mama?", „habn!", „Piep-piep", „Brumm-brumm"

Dein Kind lernt pro Woche ca. zwei bis drei neue Wörter hinzu und baut sich in dieser Zeitspanne ein Vokabular von ca. 30 bis 50 Wörtern auf, die es durch Nachahmen erwirbt und mit denen es in seiner Benutzung experimentiert. Diese so genannten Ein-Wort-Sätze werden als Frage formuliert, zum Beispiel *„Oma?"*, was so viel bedeutet wie *„Kommt die Oma heute?"*. Oder sie werden als Aussage formuliert: dann heißt *„haben!"*, *„das!"* oder *„meins!"* mit einem Fingerzeig in Richtung des Glases so viel wie *„Ich möchte das Glas haben!"* oder *„Das Glas gehört mir!"*. Die ersten Worte haben anfangs eine übergeordnete Bedeutung. So sagt dein Kind zu einem Flugzeug eventuell *„Vogl"*, da es denkt, dass alles, was sich da oben bewegt, mit *„Vogel"* bezeichnet wird. Deshalb heißt der „Papa" auch oft „Mama", weil dein Kind (noch) denkt, dass alle Personen im nahen Umfeld mit „Mama" bezeichnet werden. Dein Kind kommuniziert in dieser Phase auch gerne mit Geräuschen wie das beliebte Autogeräusch „Brumm-brumm" oder das Tiergeräusch „Piep-piep". Insgesamt begreift dein Kind in dieser Phase viel mehr, als es zu sprechen vermag.

Der 12. bis 18. Lebensmonat – Tipps zur Unterstützung

- Tipp 1: Benenne Tätigkeiten und Gegenstände sehr oft.

Dein Kind profitiert in dieser intensiven Nachahmungsphase besonders davon, wenn es Wörter wiederkehrend hört.

Es ahmt Satzendungen nach. Nutze dies im Dialog, indem du die Handlungen deines Kindes mit Sprache begleitest, viele Wiederholungen anbietest und das Zielwort ans Satzende stellst.

Hier einige Beispiele:

Kind: *„Nane ham-ham!"*

Du: *„Du möchtest die Banane haben? Ja, ich gebe dir die Banane!*

Kind: *„Bane ham! Bane, Bane!*

Du: *„Bitte schön, du kannst die Banane haben!"*

Kind: *„Bane habn, Bane habn!"*

Durch das Nachahmen verändert dein Kind also Schritt für Schritt die Wörter hin in Richtung der korrekten Aussprache.

- Tipp 2: Biete Kategorien und Oberbegriffe an.

Übe mit deinem Kind Wörter aus bestimmten Kategorien, wie zum Beispiel den Wortbereich „Meine Familie", „Unsere Werkzeuge" oder „Alles, was fliegen kann". Du kannst Bücher zur Hilfe nehmen, in denen unterschiedliche Werkzeuge zu finden sind. Diese schaust du dir dann mit deinem Kind im Dialog an und bietest hochfrequent Wörter aus einem Bereich. Besonders wertvoll in dieser Altersspanne ist auch das Erstellen eines Fotobuches mit allen Familienmitgliedern. Durch den starken persönlichen Bezug ist das Fotobuch ein beliebter Begleiter deines Kindes. Du hast eine gute Grundlage für wiederkehrende Dialoge (*„Wer ist das?", „Das ist Janne, deine Schwester"*) und dein Kind übt stolz die Namen aller Familienmitglieder (*„Janne Da", „Papa brumm-brumm", „Oma"*).

DER 18. BIS 24. LEBENSMONAT – DER WORTSCHATZ EXPLODIERT UND WÖRTER WERDEN KOMBINIERT

„Oma da! Oskar wo? Teddy haben! Papa Auto weg! Is das."

Dein Kind befindet sich nun im sogenannten Vokabelspurt – der Wortschatz scheint regelrecht zu explodieren und kann auf 200 Wörter anwachsen. Aber beachte: Während einige Kinder in dieser Phase erstmal noch eine kleine Sprechpause einlegen und sich die Wörter aus der Umwelt einprägen, plappern andere Kinder direkt drauflos und probieren sich sprachlich aus. Diese unterschiedliche Herangehensweise ist vollkommen in Ordnung.

Pro Tag erwirbt dein Kind in dieser Phase circa acht neue Wörter. Besitzt es davon ausreichend, geht es den nächsten Schritt: Es beginnt, die Wörter zu kombinieren. Mit der Möglichkeit, nun in Zwei-Wort-Sätzen oder Drei-Wort-Sätzen zu sprechen, tut sich eine neue Welt auf, denn echte erste Sätze werden möglich. Dein Kind kann sich neu, noch variabler ausdrücken. Du erhältst detailliertere Informationen und eure Verständigung wird leichter. War zuvor das fragende *„Papa?"* in deiner Interpretation erstmal nur mit Vermutungen verbunden (Fragt mein Kind, wo Papa ist, oder fragt es, ob das Fahrrad, vor dem wir stehen, Papa gehört?), kannst du nun mit Hilfe des Zwei-Wort-Satzes *„Papa wo?"* schon besser begreifen, was genau dein Kind wissen möchte. Auch die Nutzung von Verben und Hauptwörtern nimmt zu. Dein Kind befindet sich im ersten Fragealter, indem es pausenlos nach der Bezeichnung und nach dem Namen von Dingen fragt (*„Is das?"* oder *„Was das?"*). Ebenso gelingt es deinem Kind, von dir gestellte „Was"-Fragen mit seinen kommunikativen Möglichkeiten zu beantworten. Zudem protestiert dein Kind gerne mit einem Kopfschütteln in Verbindung mit *„Nein, nein"*, und es benennt sich zunehmend beim eigenen Namen (*„Janosch Apfel will"*).

Wichtig zu wissen: Der zweite Geburtstag ist ein bedeutsamer Meilenstein. Dein Kind sollte minimal 50 Wörter beherrschen, die es auch als Zwei-Wort-Kombination (*„Teddy ham!"*) anwenden kann. Die Wort Wörter dürfen noch vereinfacht ausgesprochen werden (*„Sauber"* statt *„Hubschrauber"* oder *„Nane"* statt *„Banane"*).

Der 18. bis 24. Lebensmonat – Tipps zur Unterstützung

- Tipp 1: Erweitere den Wortschatz in vielen Themengebieten und erzähle Geschichten.

Da der Wortschatz jetzt rasant ansteigt, das Sprachverständnis deines Kindes schon groß ist und dein Kind durch das Stellen von Fragen sein Wissen erweitert, solltest du den Zeitpunkt für variable Themenangebote nutzen: Eine Pferdeweide, ein Bahnhof oder die Küchenschublade bieten genügend neues Wissen und erweitern das Wort- und Satzrepertoire. Besucht aber auch gezielt Orte, an denen es viel zu sehen und zu berichten gibt. Befindet sich in eurer Nähe eventuell ein Hafen, in dem viele Schiffe fahren? Oder kennst du eine Baustelle, die ihr euch ansehen könnt?

Bemühe dich, mit deinem Kind diese unterschiedlichen Alltagssituationen in Ruhe zu entdecken und zu besprechen. Bleibt vor der Baustelle stehen und schaut euch das Arbeitsfeld der Lastwagen, Bagger und Kräne genau an.

Es gibt viel zu berichten: *„Schau, der Kran dreht sich. Nun transportiert er die Säcke auf die andere Seite. Der Bagger gräbt ein Loch. Dort wird später ein Haus gebaut. Die Steine liegen dort drüben."*

Und natürlich wird dein Kind viele Fragen stellen (*„Is das?" „Das denn?" „Warum der hoch?"*). Beantworte diese geduldig. Am Abend kannst du eure Erlebnisse dann noch einmal auffrischen. Erzähle deinem Kind, was du tagsüber erlebt hast. Fasse noch einmal zusammen, was ihr gemeinsam erlebt habt. Erzähle (Fantasie-)Geschichten, in die du eure Erlebnisse mit einbindest. Sei kreativ – dein Kind profitiert von dem großen Sprach- und Dialogangebot.

- Tipp 2: Singt, tanzt und bewegt euch gemeinsam.

Ob „Auf der Mauer, auf der Lauer, sitzt ´ne kleine Wanze" oder der „Katzentatzen-Tanz" – die sprachliche Unterstützung durch Melodien, Töne und Bewegungslieder ist enorm. Singen erhöht den Wortschatz deines Kindes, da es durch den Rhythmus und Betonungsmuster Wörter schneller wiedererkennt. Auch schulst du beim Sprechen von Reimen und Zungenbrechern die Aufmerksamkeit und das Gefühl für den Umgang mit Lauten. Nebenbei vermitteln Lieder Grundwerte wie beispielsweise Vertrauen („und dann tanzen sie zu zweit, über Stock und über Stein"), und das gemeinsame Singen stärkt das familiäre Gefüge. Schaffe dir mit deinem Kind ein Tagesritual, indem ihr gemeinsam singt, tanzt und musiziert.

Merke dir: Von diesen musikalischen Einheiten profitiert dein Kind auch im weiteren Verlauf seiner (Sprach-)Entwicklung. Passe Lied, Bewegung und Melodie einfach dem Alter deines

Kindes und den motorischen Möglichkeiten an. Dein Kind signalisiert dir automatisch, was gefällt und was gelingt.

DAS 2. BIS 2,5 LEBENSJAHR – LÄNGERE SÄTZE UND KREATIVE WORTSCHÖPFUNGEN

„Der Vogel ist gefliegt. Da! Im Garten, zwei, drei, vier. Siehst du?"

Die „Ich-Form" nutzt dein Kind nun immer häufiger und die Sätze können schon vier Wörter umfassen (*„Ich bunten Büchers sehen"*). Diese Sätze bekommen somit viel mehr inhaltliche Bedeutung. Außenstehende Personen können einfacher mit deinem Kind kommunizieren, denn Hauptwörtern (Bücher), Verben (sehen) und Adjektive (bunt) machen die Sätze verständlicher. Verben werden meist noch in ihrer Grundform und in inkorrekter Satzstellung angewendet (*„Ich bunten Büchers sehen"*, statt *„Ich sehe die bunten Bücher"*). Diese Altersspanne ist geprägt von kreativen Worterfindungen. Der Stau wird zum Beispiel als „Stoppverkehr" bezeichnet, und wenn die Familie mit dem Auto im Stau steht, lockt die Erzählung deines Kindes *„Wir mit Auto Stoppverkehr stehen"* schon mal ein kleines Schmunzeln hervor. Notiere dir solche Sätze gerne, um sie später noch einmal mit Freude zu lesen.

Dein Kind versteht Aufforderungen von deiner Seite nun zunehmend besser. *„Hole deine Jacke und ziehe deine Stiefel an"*, wird es einigermaßen zuverlässig ausführen können und du merkst, dass eure Alltagskommunikation einfacher wird. Das Nachfragen deinerseits wird weniger notwendig.

Das 2. bis 2,5 Lebensjahr – Tipps zur Unterstützung

- Tipp 1: Wiederhole fehlerhafte Äußerungen deines Kindes korrekt.

In dieser Altersspanne sind kleine Laut-, Wort-, oder Grammatikfehler deines Kindes noch normal. Wende das korrigierende Feedback an, um dezent kleine Fehler deines Kindes zu verbessern.

Ein Beispiel:

Kind: *„Der Vodel fliegen in Himmel!"*

Du: *„Der Vogel? Ja genau, prima, der Vogel fliegt am Himmel!"*

Du hast die fehlerhafte kindliche Lautäußerung also unauffällig korrigiert, indem du sie korrekt in deine Antwort hast einfließen lassen. Hierdurch bekommt dein Kind automatisch den korrekten Satzbau (*„Der Vogel fliegt am Himmel"*) und die richtige Lautanwendung (*„Vogel"* statt *„Vodel"*) geboten – und nebenbei sendest du noch ein bestärkendes Signal (*„Ja genau, prima!*)

Vermeide es, dein Kind auf seine Fehler hinzuweisen (*„Nein, Johann, das war falsch!"*). Ebenso verlange nicht, dass dein Kind kleine Fehler noch einmal richtig nachspricht (*„Sprich es noch einmal richtig nach – das heißt Vogel!"*). Das würde dein Kind demotivieren, und senkt die sprachliche Aktivität und das Selbstbewusstsein.

DAS 2,5 BIS 3. LEBENSJAHR – FRAGEN STELLEN UND NEBENSÄTZE

„Ich hab bei die Baustelle geguckt, mit Oma. Das Baugerät gräbt ein Loch, weil das ein Haus wird. Mama, ich will nochmal gucken, weil ich will gucken, wie tief das Loch jetzt gegrabt ist. Wie geht das denn?"

Das Erzählen deines Kindes verläuft flüssiger und inhaltsvoller. Die Aussprache wird deutlicher. Charakteristisch für diese Altersspanne deines Kindes ist das zunehmende Stellen von Fragen. Die Wörter „warum" und „wie" werden entdeckt. Alle nun bekannten Fragewörter bieten deinem Kind in diesem sogenannten zweiten Fragealter die Möglichkeit, sein neugieriges Wissen in Form von Fragen zu erhöhen. Und dazu kann es seinen aufgebauten Wortschatz aus mittlerweile bis zu 800 Wörtern hervorragend nutzen. Alle Sätze werden grammatikalisch vollständiger. Dein Kind beginnt, Nebensätze zu bilden, und nutzt hierzu hauptsächlich die Wörter „und" und „oder". Etwas später kommen die Verbindungswörter „wenn", „weil" und „als" hinzu. Es erzählt einfache Erlebnisse aus dem Alltag hauptsächlich noch in der Gegenwart.

Das 2,5 bis 3. Lebensjahr – Tipps zur Unterstützung

- Tipp 1: Lasse dein Kind immer ausreden und zu Ende erzählen.

Wenn dein Kind etwas erzählt, vermeide es, seinen Redefluss zu unterbrechen oder einen stockenden Satz zu Ende zu sprechen. Dies auszuhalten mag für dich manchmal schwierig erscheinen. Übe dich in geduldigem Zuhören. Dein Kind braucht gerade jetzt Zeit, um all die neu entdeckten sprachlichen Möglichkeiten (Fragewörter, Verbindungswörter) zu sortieren und anwenden zu können. In der direkten Kommunikation mit deinem Kind ist es hilfreich, wenn du Erzählungen unkommentiert lässt. Vermeide Verbesserungen (*„Nein, das heißt Bagger, nicht Baugerät"*), Satzunterbrechungen (*„Okay, ich weiß, was du meinst, du willst nochmal zur Baustelle gehen. Los geht's!"*) oder das Vervollständigen von Sätzen (*„…und deshalb wünscht du dir jetzt, nochmal zur Baustelle zu laufen, um zu gucken, wie tief das Loch ist!"*).

Mit dieser Art gerät dein Kind beim Erzählen unter Druck – besser ist ein unkommentiertes und aufmerksames Zuhören mit Blickkontakt. Lobe dein Kind am Ende seines Satzes und wiederhole den Satz grammatikalisch korrekt und zusammenhängend (*„Toll, was du alles erlebt hast! Du warst mit der Oma bei der Baustelle und hast gesehen, dass der Bagger ein Loch für das Haus gräbt. Und nun möchtest du noch einmal gucken, wie tief das Loch geworden ist. Komm, wir gehen nochmal hin!"*) und stelle interessierte Verständnisfragen (*„Wie viele Bagger gab es denn auf der Baustelle?"*) Diese Art des Dialogs sendet Interesse und das Erfolgserlebnis motiviert dein Kind sprachlich.

- Tipp 2: Baue in Antworten neues Wissen ein.

Beantworte alle Fragen, die dein Kind stellt, umfangreich und gewissenhaft. Und habe auch hier Geduld. Dein Kind hat sehr viel Ausdauer beim Fragen stellen. Baue in deine Antworten neue Informationen und neues Wissen ein. So ergänzt du neue Themenwelten deines Kindes, und es bekommt weiteren sprachlichen und thematischen Input.

Ein Beispiel:

„Warum ist im Park eine große Rutsche?"

„Damit die Kinder da runterrutschen können. Rutschen macht Kindern Spaß. Du und Gregor, ihr lacht ja auch immer vor Freude, wenn ihr rutscht. Und es ist wichtig, dass Kinder spielen können und dass in ihrer Nähe genug Spielzeug steht. Deshalb gibt es ja auch noch den anderen Spielplatz neben dem Schwimmbad. So haben Kinder viel Auswahl, um auf schönen Geräten spielen zu können."

DAS 3. BIS 4. LEBENSJAHR – DIE GRAMMATIK WIRD KOMPLEXER

„Anna hat mich gestern im Kindergarten geärgert. Ich hatte da so welche Tifte, rot, blau, gün. Ich kann schon ein Haus malen, wir durften da malen. Und Anna hat mir die Tifte weggenommen und mich gehaut. Und dann wurde sie von Jelka geschubst. Ich war wütend, weil ich nicht in Ruhe malen konnte."

In dieser Altersspanne entwickelt dein Kind langsam ein Gefühl für Erlebnisse aus der Vergangenheit und Erlebnisse in der Zukunft. Es erzählt weitestgehend in der korrekten grammatikalischen Form. Personalpronomen, wie „er", „sie" oder „wir" nutzt es nun häufiger. Dein Kind versteht, dass der passive Satz *„Jonas wurde von Anna geärgert"* dieselbe Bedeutung hat wie *„Anna hat Jonas geärgert"*. Und es beginnt, seine Gefühle zu benennen, wie zum Beispiel: *„Ich war traurig, dass Jelka Anna geschubst hat"*. Des weiteren erkennt dein Kind Grundfarben sicher und kann Mengenangaben machen.

Das 3. bis 4. Lebensjahr – Tipps zur Unterstützung

- Tipp 1: Übe mehrschrittige Aufträge und lass unterstützende Körpersprache weg.

Dein Kind versteht mittlerweile grammatikalische Formeln und Regeln. Übe sie mit deinem Kind, indem du Aufträge mit mehreren Schritten stellst: „Hole deine Jacke und lege sie in die Waschmaschine. Danach kannst du dir den Saft nehmen und dir ein Buch aus deinem Regal holen."

Verzichte bei solchen und ähnlichen Aufträgen bewusst auf körpersprachliche Unterstützungen, wie zum Beispiel den Fingerzeig in Richtung Waschmaschine oder den weisenden Blick zum Bücherregal. Ohne diese nonverbale Kommunikation lernt dein Kind intensiver, die gesprochenen Botschaften umzusetzen wie auch grammatikalische Strukturen zu deuten.

DAS 4. BIS 5. LEBENSJAHR – VIEL ERZÄHLEN UND VIEL NACHFRAGEN

„Der Vulkan ist dann ausgebrochen. Die Lava floss überall hin, die übrigens sehr gefährlich und heiß ist. Da muss man sich retten. Weißt du, wo es Vulkane gibt? Meine Mama hat mir von einem in Island erzählt."

Dein Kind beherrscht nun weitestgehend den korrekten Satzbau und erzählt in immer komplizierteren Satzformulierungen. Es bemüht sich, in langen Sätzen mit Haupt- und Nebensatzkonstruktionen frei zu erzählen. Schwierige Verbindungswörter wie „bevor", „nachdem" oder „obwohl" und Zeitformulierungen wie „morgen" oder „vorgestern" werden genutzt. Unterstützende Körpersprache ist kaum noch nötig. Manchmal unterschlägt dein Kind Rahmeninformationen, die für ein Erlebnis essenziell wären. Dies fordert beim Zuhören eine hohe Aufmerksamkeit. Hin und wieder musst du daher Verständnisfragen stellen.

Allgemein erzählt dein Kind nun viel und gerne, kann Geschichten wiedergeben und mit dir Bilderbücher und Tageserlebnisse besprechen. Kleine Lautunsicherheiten bei sehr speziellen Wörtern und Wortkreationen sind weiterhin normal, beeinflussen aber nicht das Sprachverständnis. Zudem bittet dein Kind mittlerweile um Erklärungen, wenn es beispielsweise ein Wort nicht kennt (*„Mama, was heißt inspizieren?"*). Das zeugt von einem hohen Wissensdrang und von einem guten Sprachverständnis auch außerhalb dessen, was aktuell geschieht.

Am Ende des 5. Lebensjahres ist die Sprachentwicklung weitestgehend abgeschlossen. Dein Kind wendet fast alle Laute sicher an, beherrscht das Grammatiksystem und verfügt über einen großen Wortschatz, den es beim Erzählen und Berichten benutzt. Der Wortschatz wird im Laufe des Lebens immer weiter ansteigen, da sich dein Kind, je nach Wissens- oder Interessengebiet, in neue Themen einarbeitet.

Die Kommunikation mit deinem Kind ähnelt am Ende des Spracherwerbs dem Austausch mit Erwachsenen und geht gradliniger und einfacher vonstatten. Dein Kind hat einen großen kindlichen Entwicklungsschritt mit Bravour bestanden!

Das 4. bis 5. Lebensjahr – Tipps zur Unterstützung

Nachdem dein Kind alle sprachlichen Regeln beherrscht, profitiert es nun von einer spielerischen Unterstützung und einem lockeren Umgang mit Sprache und Sprechen – und dies auch über das fünfte und sechste Lebensjahr hinaus. Dabei wird automatisch die Anwendung und Differenzierung von Lauten, die Merk- und Konzentrationsfähigkeit und die Sprech- und Sprachgewandtheit trainiert – eine wichtige Basis, um in der darauffolgenden Schulzeit das Lesen und Schreiben zu erlernen.

Hier folgen einige Beispiele von Sprech- und Sprachspielen, die du jederzeit ergänzen kannst:

- Tipp 1: Das Alphabetspiel

Das Alphabetspiel ist ein sehr einfaches Spiel, um mit dem Wortschatz deines Kindes ungezwungen umzugehen. Hierbei bestimmt eine Person einen Oberbegriff, beispielsweise den Begriff „Tiere". Alle anderen Mitspieler müssen nun ein Tier in alphabetischer Reihenfolge mit dem entsprechenden Anfangsbuchstaben finden, also *„A wie Affe", „B wie Bär", C wie – na, überleg mal, ob es ein Tier mit C am Anfang gibt!"*

Die Vorgabe der Oberbegriffe kann je nach Alter der Mitspieler leichter oder schwerer gestaltet werden. Leichte Oberbegriffe sind Tiere, Vornamen oder Berufe. Schwere Oberbegriffe sind Flüsse, Hauptstädte oder Länder. Wenn kleine Kinder mitspielen, könnt ihr die Regeln auch noch leichter gestalten, indem es einfach „nur" ein Tier nennt, egal, mit welchem Anfangsbuchstaben das Tier beginnt. Probiert es mal aus!

- Tipp 2: Die Buchstabenkette

Dieses Spiel kann unendlich lange gespielt werden und fordert vor allem den spontanen Wortabruf und das Gefühl für die Position von Lauten. Ein Mitspieler gibt ein Wort vor – egal welches – und der nächste Spieler nennt mit dem Endbuchstaben des vorgegebenen Wortes ein neues Wort. So geht es reihum. Zum Beispiel: Fliege, Erde, Esel, liegen, Nudel, lachen – und so weiter.

In der Schwierigkeit variieren könnt ihr hierbei, in dem ihr euch darauf verständigt, zum Beispiel nur Hauptwörter, nur Verben oder nur Tiere zu nennen. Zusätzliche Spannung kann man erzeugen, indem man das Spieltempo erhöht. Seid kreativ!

- Tipp 3: Koffer packen

Ein klassisches Spiel, das dir sicher auch bekannt ist, ist das „Koffer packen". Hierbei werden vor allem die Merkfähigkeit und die Konzentration geschult. Und so gehts: Der erste Spieler vervollständigt den Satz: *„Ich packe meinen Koffer, und nehme ein ... mit"*, in dem er eine Sache nennt, die er im Koffer mitnehmen möchte. Also: *„Ich packe meinen Koffer, und nehme eine Angel mit"*. Der nächste Spieler wiederholt den Satz und benennt eine zweite Sache, die im Koffer mitgenommen werden soll. Also: *„Ich packe meinen Koffer, und nehme eine Angel und meine Schuhe mit"*. Der nächste Spieler wiederholt den Satz und fügt noch eine dritte Sache hinzu. So geht es weiter.

3. KAPITEL – SO BEKOMMST DU HILFE, WENN DU DICH UM DIE SPRECH- UND SPRACHENTWICKLUNG DEINES KINDES SORGST

Die kindliche Entwicklung und auch der Sprech- und Spracherwerb dürfen in einem gewissen Rahmen individuell verlaufen.
Unumstritten ist jedoch, dass dein Kind in Abhängigkeit der individuellen Voraussetzungen und der allgemeinen kindlichen
Entwicklung Schritt für Schritt Meilensteine erreicht haben
muss, um sprachlich fortzuschreiten. Sprech- und Sprachstörun-
gen kommen vor und sind nichts Außergewöhnliches – mindestens
ein Drittel der Kinder hat Schwierigkeiten, richtig zu sprechen.

Das äußert sich sehr vielfältig: Beispielsweise haben diese Kinder Schwierigkeiten, ihren Wortschatz aufzubauen, sprechen undeutlich, wenden die Grammatik nicht richtig an oder stottern. Hast du das Gefühl, dass dein Kind Probleme beim Sprechen lernen hat, dann äußere diese und andere Sorgen unbedingt frühzeitig. Du hast viele Möglichkeiten!

SPRICH DEINE SORGEN BEIM ARZTTERMIN AN

Dein Kinderarzt oder die Kinderärztin stehen für erste Fragen zur Verfügung. In den regelmäßigen Früherkennungsuntersuchungen (U-Untersuchungen U1 bis U9) wird neben dem allgemeinen Gesundheitszustand deines Kindes auch beurteilt, ob seine Entwicklung tatsächlich normal verläuft. Dazu gehört jedes Mal die Einschätzung der sprachlichen Entwicklung. Das Hörvermögen, die Zahn-, Mund-, und Kieferformung, der Wortschatz, die Lautentwicklung, die Grammatik oder das Kommunikations- und Sozialverhalten – entsprechend der Entwicklungsphasen wird ein Augenmerk daraufgelegt. Notiere dir im Vorfeld deine Fragen und Sorgen, die du im Bereich der Sprachentwicklung hast, damit du dich in der Untersuchungssituation daran erinnerst.

Außerhalb der festgelegten U-Untersuchungen kannst du jederzeit einen ärztlichen Termin vereinbaren, um über Sorgen in der Sprach- und Sprechentwicklung deines Kindes zu sprechen. Daneben kannst du auch eigenständig einen Logopäden oder eine Logopädin in deiner Nähe kontaktieren. Diese beantworten erste Fragen, beraten dich zum Vorgehen in deiner Region bei (vermuteten) Sprachentwicklungsstörungen und zählen dir weitere möglichen Wege in deiner individuellen Situation auf.

Der Kinderarzt oder die Kinderärztin können weitere Schritte einleiten: Neben einer eventuell notwendigen organischen Abklärung beim Hals-, Nasen-, Ohrenarzt oder beim Kieferorthopäden ist es ihnen jederzeit möglich, eine Verordnung für die Logopädie auszustellen. Diese Verordnung muss nicht zwingend schon eine logopädische Therapie beinhalten. Es ist auch möglich, nur für eine einmalige diagnostische Abklärung bei der Logopädie vorstellig zu werden. Diesen Termin vereinbarst du zum Beispiel in einer logopädischen Praxis in deiner Nähe.

DIE LOGOPÄDISCHE DIAGNOSTIK – WICHTIG UND NOTWENDIG

In der logopädischen Praxis wird, anders als in den kurzen ärztlichen U-Untersuchungen, in einer längeren Zeiteinheit Quantität und Qualität des Sprach- und Sprechvermögens deines Kindes überprüft. Diese logopädische Diagnostik erfolgt auf spielerische Art und Weise in kindgerechter Umgebung.

Du nimmst gemeinsam mit deinem Kind daran teil. Welche sprachlichen Entwicklungsschritte hat dein Kind schon getan? Spricht dein Kind schon Worte und wenn ja, wie viele? Werden diese zu Zwei-, oder Mehrwortsätzen zusammengefügt? Wieviel Sprache versteht dein Kind und wie lange zeigt es im Dialog Aufmerksamkeit? Wie sind das Spielverhalten und die Kontaktaufnahme zu anderen Menschen? Funktioniert die Aussprache gut? Wie gelingt der Austausch zwischen dir und deinem Kind?

All diese Fragen werden in Abhängigkeit des Alters deines Kindes von dem Logopäden oder der Logopädin zu einem individuellen Sprachprofil zusammengefasst.

So bekommen du und der Kinderarzt oder die Kinderärztin eine fundierte Einschätzung, inwieweit die Sprachentwicklung normal verläuft oder ob tatsächlich Verzögerungen vorhanden sind. Ob eine logopädische Therapie oder andere fachliche Hilfe beim Erwerb der Sprache und des Sprechens deines Kindes notwendig sind, wird dann gemeinsam abgestimmt.

WIR EMPFEHLEN WEITERE HANDBÜCHER VON ELTERNLEBEN.DE

SPIELEN, LERNEN, WACHSEN
Dein Alltag mit Kleinkind

Durch das rasante Wachstum unserer Kleinkinder wird der Alltag in der Familie immer wieder verändert. Dies ist für viele Eltern eine Herausforderung: Wie gelingt es, das Chaos im Kinderzimmer zu bändigen? Warum beginnt jeder Morgen so stressig? Und die zentrale Frage: Was kann ich konkret tun, um mein Kind gut zu begleiten und dabei selbst nicht auf der Strecke zu bleiben?

Erhältlich bei www.tredtion.de www.elternleben.de oder im Handel ISBN 978-3-7497-7494-4 / Seiten: 104

LIEBEVOLL GRENZEN SETZEN

Für Eltern von Kindern zwischen 1 und 5 Jahren

Ich will aber! Brauchen Kinder Grenzen? Im Alltag sind Eltern oft hin- und hergerissen zwischen den Meinungen der Erziehungsratgeber, die unterschiedliche Ansätze vertreten. Zwischen diesen beiden Extremen: „Lass dein Kind doch machen, lass es sich frei entfalten" und „Kinder brauchen klare Strukturen und Strafe muss sein", gilt es als Eltern einen gangbaren, gesunden Weg zu finden. Dieses Handbuch bietet Orientierung und gibt Eltern praktische Tipps und Impulse.

Erhältlich bei www.tredition.de / www.elternleben.de oder im Handel / ISBN 978-3-347-01500-5 / Seiten: 52

LIEBE UND RIVALITÄT UNTER GESCHWISTERN

Was Eltern tun können, um die Geschwisterbeziehung zu stärken

Geschwister leben mit gemeinsamen familiären Werten, Erfahrungen und Traditionen. Die Geschwisterbeziehung ist die längste zwischenmenschliche Bindung im Lebenslauf eines Menschen. Was tun, wenn Geschwister ständig streiten? Was ist der Unterschied zwischen natürlicher und unnatürlicher Rivalität? Lieblingskind oder schwarzes Schaf?

Erhältlich bei www.tredition.de /www.elternleben.de oder im Handel / ISBN 978-3-347-02385-7 / Seiten: 88

MEIN KIND KOMMT IN DIE KITA
Für einen guten Kita-Start

Euer Kind soll in einer Krippe oder in einem Kindergarten betreut werden? Mit dieser Entscheidung beginnt ein neuer Familienabschnitt. Mütter und Väter haben viele Fragen zu diesem neuen Lebensabschnitt: Wie finde ich die passende Kita? Wie funktioniert die Eingewöhnung? Für welches pädagogische Konzept soll ich mich entscheiden? Was braucht mein Kind in der Kita? Der Eintritt in die Kita-Zeit soll Eltern und Kindern gut gelingen.

Erhältlich bei www.tredition.de / www.elternleben.de oder im Handel
ISBN 978-3-7497-3535-8 /Seiten: 76

EINSCHULUNG

Das Einschul-ABC für einen guten Schulstart

Das **Einschul-ABC** gibt dir einen Einblick in Schulthemen von **A – Z**. Einige Kapitel sind kurz und knackig und andere etwas ausführlicher. So erfahrt ihr beispielsweise unter **N – wie Noten**, ob es Noten geben sollte oder nicht, wie Kinder zu Noten stehen oder was Noten eigentlich aussagen. **Unter U – wie Unterricht** wird erklärt, wie dieser generell gestaltet wird und welche Umstellung vom Kitaalltag dies für euer Kind Dieser nützliche und praktische Wegweiser bietet euch viele Anregungen.

Erhältlich bei www.tredition.de / www.elternleben.de oder im Handel / ISBN 978-3-7497-3892-2 / Seiten: 68

GLÜCKLICHE BEZIEHUNG

Wie Eltern ihre Partnerschaft pflegen und verbessern können

Die Partnerschaft kommt bei Eltern oft zu kurz. Der Alltagsstress und die riesige Verantwortung, die Mütter und Väter für ihre Kinder haben, führen dazu, dass sie sich oft nur noch im „Überlebens-Modus" befinden und den Blick füreinander verlieren. Dieses Handbuch gibt Anregungen, Übungen und praktische Tipps, wie es Eltern gelingen kann, wieder in einen liebevollen und zugewandten „Miteinander-Modus" zu kommen und diesen als Paar zu pflegen.

Erhältlich bei www.tredition.de /www.elternleben.de oder im Handel / ISBN 978-3-347-03810-3 / Seiten: 56

Zeitfracht Medien GmbH
Ferdinand-Jühlke-Straße 7
99095 Erfurt, Deutschland
produktsicherheit@kolibri360.de